27334

La malle poste ou les deux oppositions
par Félix Bodin   Paris 1827 in 8°.

LA MALLE-POSTE

OU

LES DEUX OPPOSITIONS.

PARIS, IMPRIMERIE DE GAULTIER-LAGUIONIE,
HÔTEL DES FERMES.

LA MALLE-POSTE

ou

LES DEUX OPPOSITIONS;

Par FÉLIX BODIN.

PRIX : 1 FRANC.

Paris,

CHEZ LES MARCHANDS DE NOUVEAUTÉS.

1827.

UN MOT PRÉLIMINAIRE.

La censure rend les journaux muets; c'est aux brochures de parler, car il faut que la vérité perce, sinon elle éclate. La presse est la soupape de sûreté de l'opinion publique; il y a des gens qui aiment la compression au risque de l'explosion. Ils ont tort; même dans leur intérêt, ouvrons la soupape.

Les brochures vont abonder; tant mieux. Les journaux ne pourront les annoncer; avisons à cela. C'est une bonne idée que celle d'une assurance mutuelle de publicité entre toutes les brochures; il faut qu'elles s'annoncent réciproquement (1). Les brochures qui ont paru jusqu'ici à ma connaissance, sont celles de MM. de Chateaubriand, Pagès, de Salvandy, de Jussieu. Une seconde de M. de Chateaubriand doit se distri-

(1) Si à la faveur d'un titre innocent, celle-ci pouvait surprendre à la censure une annonce dans les journaux, je ne pense pas que l'état social en fût ébranlé dans ses fondemens. Cependant je ne l'espère guère. Les censeurs ont de ces yeux qui grossissent les objets. Nous en venons au point qu'on a peur même de la niaiserie.

Il est bon que, dans les cafés et dans tous les autres lieux publics, on se procure les brochures nouvelles et qu'on les mette en lecture sur les petites planches, comme on le fait pour les journaux.

buer gratis, une seconde de M. de Salvandy va paraître. Trois autres sont sous presse, celles de MM. Jay, Étienne, Kératry.

Si la censure actuelle n'est pas parfaitement connue, ce n'est ni la faute des premières brochures que j'ai nommées, ni celle de M. Dupin. Il suffisait d'ailleurs de savoir ce qu'avait été la dernière censure, pour augurer de celle-ci. La police de la congrégation, ou si l'on veut la congrégation de la police, est toujours la même.

Trois points importans me semblent devoir être traités avec insistance. Premièrement : l'expiration des pouvoirs légaux de la chambre actuelle des députés après la prochaine session. Secondement : la nécessité de l'union entre les deux oppositions contre le ministère et le *parti prêtre*, comme dit M. de Montlosier. Enfin, la formation des listes électorales d'après la nouvelle loi sur le jury.

Ce dernier point est l'objet d'un autre pamphlet que je prépare sous ce titre : Le jour de marché, *ou la liste des électeurs.* Les deux premiers sont l'objet de celui-ci.

C'est une question fort délicate que celle de l'alliance de deux partis ; en pareil cas il ne faut point brusquer les choses, il faut les laisser aller. Le rapprochement entre des élémens tout-à-fait antipathiques ne produit rien de bon ; ces combinaisons forcées que risque parfois la tactique des partis ne peuvent durer. L'expérience de 1821 doit dicter la prudence. Il ne s'agit pas seulement de renverser des ministres, mais un mauvais système ministériel; laissons se rapprocher de part et d'autre ceux qui veulent renverser à la fois le système et les hommes, et qui peuvent s'entendre sur ce qu'ils désirent à la place. Des deux côtés on s'est fait des concessions; l'irritation s'est calmée, les préventions se dissipent. Le régime tracassier de la bigoterie a préparé cet accord. Le ministère actuel a fait plus qu'aucun autre pour l'esprit public. Il a fait que des gens qui n'aimaient que froidement le régime légal, le veulent avec ardeur parce qu'il ne l'aime pas; et que d'autres gens qui se fuyaient, se réunissent volontiers pour le plaisir de le maudire en commun. On lui doit l'invention d'un nouveau procédé politique pour effacer les divisions, éteindre les haines : c'est l'harmonie du mécontentement.

Remarquons bien que la situation n'est plus la même qu'en 1821. Les désignations de centre et de côté droit ne s'appliquent plus aux mêmes opinions, aux mêmes personnes. Nous les conservons encore par habitude; mais il faut dire que beaucoup de membres de la contre-opposition qui siégeaient autrefois à l'extrême droite, se sont assis au centre gauche et se sont ainsi rapprochés sensiblement des députés libéraux. Quant à la majorité ministérielle, elle a envahi à peu près la totalité du côté droit, du centre droit et une grande partie du centre gauche.

J'ai cherché une forme pittoresque, un cadre bizarre, pour mettre la discussion politique à la portée de tout le monde, et pour la rendre amusante et populaire, s'il est possible.

C'est de la brochure à la fois narrative et dramatique. Si cela ne se fait pas lire, je suis bien maladroit.

Les libraires prétendent qu'il faut mettre le nom de l'auteur en tête d'une brochure politique, pour qu'elle soit lue. Je veux bien le croire, quoique certains noms n'ajoutent pas grande importance à un écrit. Au fond celui-ci ne vaut guère la peine ni qu'on se nomme, ni qu'on ait la fausse modestie de garder l'anonyme.

Paris, le 20 juillet 1827.

LA MALLE-POSTE

OU

Les deux Oppositions.

C'était le 23 juin 1827, à six heures du soir. Les voyageurs rassemblés dans la cour de l'hôtel des postes montaient dans les voitures qui devaient conduire chacun à sa destination, tandis qu'un employé faisait l'appel. Le hasard avait réuni dans l'intérieur de la même malle-poste trois députés qui retournaient à la fin de la session dans leurs départemens. Le lecteur peut se les représenter d'après la description suivante : l'un semble un homme d'un caractère franc et loyal, et des mœurs les plus simples ; sa physionomie est ouverte et disposée à une confiante gaîté. Le second, âgé d'environ soixante-dix ans, se fait remarquer par une coiffure à poudre qui offre une réminiscence de l'oiseau royal, modifié par le laps d'un demi-siècle ; sa figure assez commune est tout-à-fait sans expression, et sa complexion épaisse annonce une santé parfaitement satisfaisante. Le troisième, homme de taille élevée, dont les cheveux clairsemés et plus que grisonnans sont arrangés sur son front avec autant de goût qu'on en pourrait trouver chez un jeune *fashionable*, est doué d'une figure spirituelle ;

I

ses traits sont fins, ses yeux assez vifs, et ses lèvres légèrement pincées se prêtent volontiers à un sourire sardonique.

D'après le rang d'inscription de ces messieurs, celui qui vient d'être nommé le second aurait dû l'être le troisième, car il avait la dernière place et en conséquence il avait encaissé entre les deux autres sa vaste rotondité. Ils se trouvaient, encore par hasard, assis respectivement de la même manière qu'à la Chambre; aussi cette singularité n'a-t-elle pas manqué de les frapper d'abord, et nous allons les désigner d'après leur place, ce qui sera indiquer en même temps leur opinion ou leur situation politique.

Le député du côté gauche (c'est-à-dire celui qui occupe la droite de la banquette) engage ainsi la conversation au moment où l'on ferme la portière :

Le député de gauche. Ma foi, messieurs, vous conviendrez que voilà un singulier arrangement du hasard. Il me semble que nous nous trouvons représenter les trois parties de la Chambre; car si je ne me trompe, monsieur que voici est notre collègue.

Le député de droite. Je me rappelle parfaitement la figure de monsieur, quoique je n'aie jamais eu l'honneur de le voir à la tribune, que j'aille peu dans la salle des conférences, et que je ne dîne point chez les ministres; en effet, voilà qui est plaisant.

Le député du centre. Messieurs, vous ne vous trompez pas; je suis aussi député et je vais, comme vous, me reposer dans mes foyers des fatigues de la session. Enchanté de me trouver en votre compagnie.

Le député de droite. Oh oui! nous avons eu une rude session. Vous vous êtes donné bien du mal, messieurs de la majorité.

Le député du centre. Dites donc que c'est vous autres qui nous avez donné beaucoup plus de discours à entendre que nous n'eussions voulu.

Ici la conversation est interrompue par le coup de fouet du postillon, pour ne se rengager qu'un peu plus tard. On sait qu'il n'est pas facile de causer, à plusieurs personnes, dans une voiture qui va grand train sur le pavé. C'était seulement dans les courts intervalles où la malle-poste roulait sur la berne, que nos interlocuteurs pouvaient s'adresser la parole. Après qu'on eut passé la barrière, cette occasion s'est bientôt présentée à cause d'un embarras de pavage, et le député de gauche a ainsi rompu le silence :

Le député de gauche. Ah çà, messieurs, quoique nous ne soyons pas tout-à-fait en nombre pour délibérer, nous formons pourtant une espèce de petite Chambre complète, et je vois que nous pourrons bien faire aussi en causant une manière de session ambulante.

Le député du centre. Tant qu'il vous plaira ; mais je vous avoue que j'en ai assez comme cela pour cette année, et d'ailleurs je crains bien de ne pas prendre autant de part que je le voudrais à votre conversation, car je dors beaucoup en voiture.

Le député de droite, (*en souriant malignement*). Ah! qu'à cela ne tienne; la discussion ira tout de même son train comme cela s'est fait souvent à la Chambre ; le centre n'y prenait pas toujours part, et pourtant on allait aux voix ensuite.

-Le député du centre, (*avec un air de satisfaction*). Parbleu ! c'est toujours là qu'il faut en venir ; qu'importe tout le bavardage ? (et les déclamations, ajoute tout bas le député de gauche) il faut bien finir par voter, et c'est le nombre qui fait la loi au bout du compte.

Le député de gauche. Ne parlez pas du nombre, s'il vous plaît : car vous savez que nous pouvons vous rétorquer l'argument.

Le député de droite. Oh ! de grace, monsieur le député de gauche, ne nous mettez pas sur ce terrain-là.

En même temps le postillon reprend la chaussée ; le tapage du roulement et des ressorts de la voiture suspend la conversation qui se relève ainsi à une petite descente sur le sable.

Le député de droite. Nous pouvons nous vanter, messieurs, d'être de bons et loyaux députés ; car je vois qu· nous sommes restés jusqu'au dernier jour de la session ; tous nos collègues n'ont pas attendu si longtemps. Mais quelque envie que j'eusse de venir crier *vive le roi* même en si petit comité, j'avoue que je serais parti plus tôt si j'eusse prévu la scène que Corbière nous a faite hier.

Le député de gauche. Et moi aussi, car je m'attendais à quelque explication sur la censure qui nous menace. Constant devait en demander ; mais le ministre sans façon a voulu aussi nous licencier brutalement.

Le député de droite. Il nous coupe la parole à la Chambre aussi poliment qu'il le fait dans la conversation. Quand il avocassait à Rennes, il devait pourtant avoir appris à ne pas interrompre la partie adverse.

Le député de gauche. Il a voulu nous renvoyer dans nos départemens avec un bâillon sur la bouche : cela promet..

Ici le député du centre tousse, crache, se mouche, prend une prise de tabac et tirant de sa poche un bonnet de coton qu'il enfonce gravement sur sa tête, il prend la parole en ces termes :

Messieurs, je n'ai pas beaucoup l'habitude des discussions législatives ; voici même la première fois que j'ouvre une opinion devant des députés qui n'assistent pas à nos réunions Piet. Mais il faut partir d'un principe. Vous n'avez pas la censure, mais vous ne pouvez pas l'échapper, vous l'aurez tôt ou tard. Nous ne saurions marcher sans cela. C'est l'opposition des journaux qui empêche tout....

Le député de gauche, (*interrompant*). Oui, elle vous empêche bien d'aller votre train ainsi que les ministres et les jésuites !

Le député du centre. Laissez-moi donc achever ma phrase. C'est elle qui empêche tout le bien que nous voulons faire. Elle envenime les bonnes intentions, et répand les doctrines les plus perverses. Voyez-vous, il faut partir d'un principe. On ne peut gouverner avec la liberté des journaux; c'est là ce qui a fait la révolution.

LE DÉPUTÉ DE DROITE. Bah ! vous n'y pensez pas ? la censure existait dans ce temps-là.

LE DÉPUTÉ DU CENTRE. Laissez-moi donc achever ma phrase. Les écrits pernicieux, l'opposition des parlemens, le renvoi de M. de Colonne, la convocation des états, le doublement du tiers et M. Necker, voilà les véritables causes de la révolution. Je ne sors pas de là. Il faut partir d'un principe. Quand l'autorité vous dit blanc, et que le sujet ou les écrivains, ou les raisonneurs vous disent noir, il n'y a plus de subordination ; il y a de l'anarchie révolutionnaire et de l'esprit d'indépendance. Il faut qu'il y ait une autorité qui commande, et il faut que le peuple lui obéisse pour qu'il y ait la paix ; si chacun peut contredire cette autorité et lui prouver qu'elle se trompe, on ne lui obéit plus, et c'est ce que j'appelle l'insubordination. Voilà mon système. C'est là-dessus qu'est fondée la stabilité des états. L'autorité ne peut pas se tromper, sans quoi elle n'existe pas. Ouf ! je me repose, car voilà, ma foi, un discours en règle, hi, hi, hi, hi : qu'en dites-vous ?

LE DÉPUTÉ DE GAUCHE. Parfaitement improvisé ; mais il me semble que vous avez très-bien plaidé la cause du despotisme de fait, quel qu'il soit, turc ou maroquin. Tout gouvernement militaire est fondé sur votre principe ; c'est la force contre la justice et le bon sens.

LE DÉPUTÉ DU CENTRE. Laissez-moi donc achever ma phrase. Je ne parle ici que de l'autorité légitime, car pour toute autre je m'en moque ; on peut l'attaquer comme on voudra. Qu'est-ce que je me dis ? car il faut partir d'un point. Dans l'ancien régime on obéissait toujours sans raisonner; voilà pourquoi il n'y avait ni anarchie, ni insubordination, ni révolution.

LE DÉPUTÉ DE DROITE. Vous oubliez donc qu'il y a une vingtaine de révolutions dans l'histoire de France, et qu'après tout la dernière a commencé dans l'ancien régime?

LE DÉPUTÉ DU CENTRE. Vous ne me laissez pas achever mon raisonnement. Dans l'ancien régime, l'ouvrier, le bourgeois, enfin les personnes du commun avaient le plus grand respect pour les gens comme nous (*en se tournant vers le député de droite*); ils nous cédaient le pas dans toute occasion. Eh bien! ces gens-là aujourd'hui se donnent de l'éducation comme nous autres, et prennent des airs de bon ton qui nous confondent. Dans l'hôtel garni où je logeais, l'hôtesse et ses filles se permettent de parler comme les femmes de la meilleure société, et sont mises aussi élégamment que ma nièce, madame la comtesse de C..., qui est venue passer l'hiver à Paris.

LE DÉPUTÉ DE DROITE, (*ironiquement*). Comment donc, monsieur? mais les petites gens se permettent aujourd'hui d'avoir de l'esprit autant que les autres. Le peuple fait aussi des bons mots, et ma portière écrit des romans.

LE DÉPUTÉ DE GAUCHE. Il est vrai que, dès l'ancien régime le tiers-état jouissait du privilége de faire des livres; il prenait même la liberté de produire de grands hommes; mais on voulait bien le tolérer, parce que cela ne tirait point à conséquence ; on allait même quelquefois jusqu'à trouver le génie assez drôle.

Le député du centre, (*continuant toujours de s'adresser à celui de la droite.*) Qu'arrive-t-il de là, monsieur ? c'est qu'on laisse accréditer dans les esprits la distinction révolutionnaire du mérite personnel ou de la fortune. Passe encore pour la fortune, si l'on ne considérait que la propriété foncière, et uniquement celle qui est le patrimoine des anciennes maisons. Mais point du tout. Dans mon hôtel on servait avec autant d'égards et d'empressement un négociant de chez moi qui achète toutes mes denrées et qui est le petit-fils du bailli de mon père, que moi-même qui ai l'honneur de vous parler, monsieur. Voilà où nous a conduits la révolution et la liberté de la presse ; un pareil état de choses est-il supportable ?

Le député de droite, (*toujours avec ironie*). Comment, monsieur ? mais ajoutez donc que cet abus se glisse jusque dans la société, jusque dans les salons les mieux composés. On entoure les gens de mérite et on les écoute parler, tandis que souvent on ne s'occupe pas le moins du monde de personnes de la première condition qui n'ont pas le savoir vulgaire des orateurs ou des écrivains.

Le député du centre, (*s'adressant encore au même*). Monsieur, je parle ici avec sincérité et dans la simplicité de mon âme, sans m'inquiéter des interprétations malignes ou des commentaires. Je dis que l'état social est ébranlé dans ses fondemens. Vous aurez remarqué que l'habitude de nous donner nos titres est tout-à-fait perdue dans le peuple; on nous les accorde seulement comme par charité sur l'adresse d'une lettre, ou en nous annonçant dans une anti-chambre. Croiriez-vous que ces coquins d'employés, de buralistes, de porte-faix et tout ce que vous voudrez, n'en tiennent aucun compte? Enfin, monsieur, c'est au point que mes paysans, oui mes propres paysans (ils m'ôtent leur cha-peau à la vérité, et c'est bien le moins, non parce que je suis leur ancien seigneur, mais parce que je suis le maire de ma commune et qu'en cette qualité je reçois l'encens; quant à ceux des environs de Paris, ils passent leur chemin sans saluer les gens comme il faut). Mais laissez-moi donc achever ma phrase : je disais que c'est au point que depuis la restauration je n'ai pu amener mes paysans à m'appeler monsieur le marquis. :

Après cette longue période, terminée par une chute si heureuse, l'orateur s'arrête tout essoufflé; car il a la respiration très-courte, et il gonfle ses poumons avec satisfaction, comme soulagé d'un grand poids dont il avait à cœur de se débarrasser. Son voisin, à mine caus-tique, tire alors d'une poche voisine une casquette de crin qu'il met sur sa tête, et en même temps il répond ainsi :

Hélas! monsieur, je dois gémir comme vous de tout cela; mais je vous avoue que depuis long-temps j'en ai pris mon parti ; j'ai été en émigration, comme vous aussi, je suppose? (ici le gros voisin fait cette sorte de grognement semi-affirmatif par lequel on croit répondre suffisamment à une question qu'on veut esquiver).

Eh bien, monsieur, j'ai été là, comme tant d'autres, livré à mes propres ressources. J'ai été maître de musique, compositeur d'imprimerie, peintre en bâtimens; j'ai fait tous les métiers pour vivre, et souvent pour faire vivre des camarades moins industrieux que moi. Les autres ne voulaient pas s'abaisser à des occupations viles, ou ne pouvaient prendre l'habitude du travail; ils remplissaient les tripots, ou allaient mendier dans les cours; ils ne pensaient pas s'humilier en faisant ainsi, et croyaient toujours mener une vie de gentilshommes. Dans cette situation j'ai modifié bien de vieilles idées que j'avais en partant, comme les autres émigrés; je suis revenu de bien des illusions, j'ai abandonné beaucoup de vains préjugés. J'ai appris à moins mépriser le mérite personnel, l'industrie et le travail; j'ai étudié de près les sentimens des classes inférieures; et j'ai trouvé qu'elles valent mieux qu'on ne devrait l'attendre de leurs habitudes et de leur éducation; qu'elles nous valent bien à certains égards. Parmi nous, j'ai vu aussi une foule de nobles actions, de généreux dévouemens; mais que de basses intrigues! quelles puériles divisions! Je suis rentré en France désenchanté de tous nos vieux projets, et je me suis appliqué uniquement à connaître l'état actuel de mon pays pour régler d'après cela mes idées et ma conduite. Le temps a opéré d'immenses changemens. On ne refait point le passé : il faut prendre le présent tel qu'il est, et surtout l'étudier un peu pour le juger. Lézardière nous l'a bien dit (1) : Nous sommes en 1827, non plus à Coblentz en 1792. Ce qui ne fut que ridicule alors serait mortel aujourd'hui; pour peu que les royalistes de nos âges voulussent s'en tenir aux immobilités, hommes ou choses, ils excluraient tout ce qui n'a pas quarante ans, et alors, que resterait-il ? Songez donc que vouloir gouverner une génération nouvelle avec d'anciennes idées, c'est entreprendre d'ouvrir, avec une vieille clé rouillée, une serrure dont on a changé les gardes. La France actuelle, à tort ou à raison, n'est plus la France d'autrefois; elle a été remuée, refaite, renouvelée par vingt-cinq ans de révolution, et treize ans de monarchie représentative : M. de Chateaubriand vient encore de nous répéter tout cela très-éloquemment dans son dernier discours aux pairs.

Pendant ce temps-là, le député ministériel donnait à chaque phrase des marques d'impatience. Il haussait les épaules et murmurait les mots de *libéralisme*, *esprit du siècle*, etc.; puis, interrompant, il dit :

LE DÉPUTÉ DU CENTRE. Oh! voilà les opinions de ces messieurs de la contre-opposition : et ils osent appeler cela de l'opposition royaliste! Mon Dieu, monsieur, ne nous parlez donc pas de M. de Chateaubriand; il a tout-à-fait abandonné nos rangs; nous le regardons décidément comme un transfuge, lui, ainsi que beaucoup d'autres.

Dans ce moment la voiture reprend la chaussée et un train plus rapide, de sorte que le ton un peu aigre

(1) Séance de la Chambre des députés du 9 mai 1827.

dont ces dernières paroles ont été prononcées peut avoir échappé à celui auquel elles s'adressaient. Du reste, il n'en ressentirait pas un grand courroux. La conversation étant ainsi interrompue, le gros personnage enfonce son bonnet de nuit, commence à s'endormir et ne tarde pas à ronfler. Ses compagnons de voyage sommeillent aussi ou se livrent à quelque rêverie. Déjà plusieurs relais ont été dépassés et les chevaux ont été changés avec la promptitude ordinaire, lorsque la malle s'arrête au bureau de poste d'une ville où le courrier descend pour remettre et prendre des dépêches. Le député de gauche s'adresse alors ainsi à son collègue de droite :

Ma foi, je pense que M. dé.... (car je crois que c'est son nom) est du nombre de ceux qui devraient toujours retenir deux places pour être moins gênés, ou moins gênans, dans les voitures publiques (1). Au moins sa capacité corporelle est incontestable, et ce qu'il y a de pis, c'est qu'il s'obstine à se pencher de mon côté en dormant. Je le porte sur les épaules ; en vérité, il m'assomme.

Le député de droite. Parbleu ! je vous plains sincèrement ; mais en bonne justice il faut partager les charges. Renvoyez-le un peu de mon côté, quand vous en serez trop fatigué ; il est bien naturel que j'en supporte comme vous le fardeau, puisque je jouis aussi des avantages de sa conversation.

(1) On cite un honorable député ministériel, qui use habituellement de cette précaution.

LE DÉPUTÉ DE GAUCHE, (*en soulevant une épaule*). Si les avantages sont proportionnés aux charges, sa conversation doit être diablement amusante. Mais je n'admets guère la compensation. Heureusement il s'appuie maintenant sur le dossier.

LE DÉPUTÉ DE DROITE. Je crois l'avoir vu souvent dormir ainsi à la Chambre. Il n'en vote pas moins en parfaite connaissance de cause; c'est même lui qui est le plus ardent à demander la clôture, et à vouloir qu'on aille aux voix. Pour lui la discussion est toujours assez éclaircie.

LE DÉPUTÉ DE GAUCHE. S'il y en a beaucoup comme celui-là dans notre chambre (ce que je suis loin d'oser croire), il faut convenir que nous avons une rude tâche à remplir, nous autres députés des deux oppositions. Le proverbe dit : il n'y a pas de pires sourds que ceux qui ne veulent pas..... ; j'ajouterai, et qui en même temps ne peuvent pas entendre. Au reste, si nous prêchons par hasard quelques sourds de ce genre, au moins, Dieu merci, n'est-ce pas dans le désert.

LE DÉPUTÉ DE DROITE. Oui, il est vrai que vous autres, messieurs du côté gauche, vous vous dédommagez en faisant sortir les discussions de l'enceinte de nos séances, en cherchant pour vos discours un écho dans la multitude. Voilà, entre autres causes, ce qui nous empêche souvent de marcher avec vous. Pour nous, anciens serviteurs de la monarchie et de la maison royale, nous qui avons payé de notre dévouement dans des temps difficiles, sans beaucoup d'espoir de récompense, et en bravant les opinions dominantes, nous ne pouvons, sans démentir notre vie entière, transiger au prix d'une vaine popularité, sur les principes pour lesquels nous avons combattu jusqu'ici.

LE DÉPUTÉ DE GAUCHE. Ces sentimens sont dignes des ames nobles et désintéressées; il est triste que plusieurs d'entre vous reçoivent en retour des remercîmens auxquels ils étaient loin de s'attendre. Mais convenez que, sans revenir sur le passé, il vaut autant, quant à présent, vouer sa carrière politique aux intérêts généraux du pays. La popularité, il est vrai, a bien aussi ses caprices; elle ne mène pas toujours à la fortune; mais après tout, elle est elle-même une récompense, et quand la conscience est d'accord avec elle, il n'est rien qui puisse égaler un tel prix.

LE DÉPUTÉ DU CENTRE (*rêvant*). A l'ordre! à l'ordre! c'est un discours révolutionnaire.

LE DÉPUTÉ DE DROITE. Il rêve, et se croit à la séance. Aussi va-t-il nous faire des interruptions.

LE DÉPUTÉ DE DROITE, (*reprenant la conversation*). Nous avons aussi notre popularité; elle est circonscrite, il est vrai, dans le cercle un peu étroit de nos salons, de nos châteaux et de quelques localités. Comme nous voyons là l'élite de la France, nous nous faisons aisément l'illusion de croire que là est l'opinion publique; c'est du moins celle dont nous ambitionnons le suffrage, puisqu'elle est d'accord avec nos principes.

LE DÉPUTÉ DE GAUCHE. Ajoutez à cela que vous avez

constamment une arrière pensée : vous ne désespérez point de rentrer en faveur et d'arriver au pouvoir ; vous voulez toujours vous ménager les avenues qui y conduisent. Cependant, je vous dirai que nous avons remarqué cette année de votre côté un penchant plus sensible qu'autrefois vers la popularité. Il s'est montré dans vos rangs, à cette session, beaucoup d'hommes d'esprit ; et pour ne parler que des absens, nous avons souvent applaudi aux excellens discours de MM. de Beaumont, de Leyval, de Preissac, de Cambon, Bacot de Romans, et autres. Pourquoi ont-ils été, comme nous disons, plus incisifs qu'auparavant ? Pourquoi ont-ils produit de l'effet, non-seulement chez nous, mais dans le public ? c'est qu'ils se sont attachés davantage à défendre les intérêts généraux.

LE DÉPUTÉ DE DROITE. On est un peu excusable de viser au ministère quand on songe à celui que nous avons ; on compte naturellement qu'on ferait de meilleure besogne. Mais il tient ferme en diable. Il sait qu'une puissance le pousse et le soutient en même temps contre la résistance continue de l'opinion ; et, obligé qu'il est de heurter sans cesse la justice et le bon sens pour que son appui ne lui manque pas, il ne ménage rien. Il ne craint point de compromettre même la royauté, et il rejettera volontiers sur elle la responsabilité de tous ses actes, quitte à prendre l'inviolabilité pour lui-même.

LE DÉPUTÉ DU CENTRE, (*toujours rêvant*). La clôture ! aux voix ! aux voix !

Le député de droite , (*continuant*). Mais sa majorité de députés n'est pas éternelle; sans doute elle est compacte et sa masse irrésistible. Toutefois, elle n'est pas forte en talens oratoires et administratifs, malgré MM. Dudon, de Saint-Chamans, et notre compagnon de droite qui ronfle si bien. Nous sommes convaincus maintenant que nous ne viendrons jamais à bout de rompre ses rangs. La défection si honorable de M. Gauthier aurait dû avoir plus d'imitateurs. Mais, qui pis est, nous commençons à croire qu'un ministère pris parmi nous, et qui voudrait entrer dans les véritables voies du gouvernement représentatif, ne pourrait pas compter sur cette majorité-là. On croirait quelquefois qu'elle ne se laisse conduire que là où elle veut aller : elle est un peu comme......

Le député de gauche, (*interrompant*). Pourtant il y a un grand nombre de fonctionnaires parmi ces *trois cents*, comme ils se nomment pour faire un compte rond; (car ils sont moins que cela). Ceux qui ne sont pas fonctionnaires, ont placé tant de parens et en ont tant d'autres à placer! Dans cette situation on a toujours un grand penchant à trouver bon ce que veut un ministère quel qu'il soit.

Le député de-droite. C'est possible; mais, après tout, remarquez bien que depuis la restauration aucun ministère n'a suivi une direction qui vînt absolument de lui-même. Tous ont été forcés de céder à une influence plus puissante ; et lors même qu'ils pouvaient compter que leurs propres idées auraient été bien accueillies par les deux majorités des chambres, ils étaient souvent obligés d'y substituer les projets qui leur étaient imposés par cette influence, et de travailler dans ce sens la majorité parlementaire.

Le député de gauche. Nous l'avons toujours cru ainsi ; mais savez-vous bien que d'après cela nous n'avons pas lieu d'espérer que vous fussiez beaucoup plus constitutionnels que les autres, si vous étiez au ministère.

Le député de droite. Entre nous, j'en ai peur. Nous avons peut-être dans nos rangs des hommes qui ne visent qu'au pouvoir tout simplement, et qui, s'ils y étaient, ne se souviendraient guère de leurs principes d'opposition : cela s'est vu tant de fois ! Cependant il est aussi des hommes sincères et fermes, qui n'aspirent qu'au triomphe de leur opinion, et qui, placés à la tête des affaires, agiraient alors comme ils parlent aujourd'hui. Dieu merci, je ne pense pas assez mal de l'humanité, pour croire que tout le monde s'exposât volontiers à voir attaquer chaque jour ses actes présens par ses paroles passées. Nos coryphées du ministère sont doués sous ce rapport d'une cynique insouciance que j'aime à supposer peu commune.

Le député de gauche. On dirait, ma foi, qu'ils s'en font gloire ; ils s'exposent aux mortifications, de gaîté de cœur, comme s'ils voulaient s'en prévaloir auprès de quelqu'un : ce sont des martyrs d'une nouvelle espèce.

Le député de droite. Mais, pour revenir, nous

comptons parmi nous des hommes fermes et loyaux, qui veulent fortement consolider en France le régime représentatif fondé par la charte. Si telle n'a pas toujours été leur pensée, ils ne craindront pas d'avouer qu'ils cèdent à la force des choses. Plusieurs d'entre eux n'ont jamais été opposés aux principes de la constitution anglaise; les autres ont reconnu la puissance des faits, et s'y résignent. Ils comprennent qu'il n'est pas d'autre voie de salut pour le pays. Ils aperçoivent que la majorité des hommes doués de quelque sens, de quelque aisance, s'est attachée à ce gouvernement parce qu'il est autant un bien qu'une nécessité; enfin ils sont convaincus qu'il est la seule forme politique qui convienne à notre état social actuel.

LE DÉPUTÉ DE GAUCHE. Malheureusement, il ne s'agit ici que du petit nombre des gens éclairés de votre parti. Vous avez encore bien à faire avant de convertir tous vos ignorans et tous vos entêtés.

LE DÉPUTÉ DE DROITE. Eh! mon Dieu, vous n'en manquez pas non plus, et vous les convertissez bien peu-à-peu. Combien y avait-il, il y a dix ans, dans la classe la plus nombreuse du parti libéral, de gens qui voulaient réellement le gouvernement représentatif, ou même qui savaient ce que c'est? Vous n'ignorez pas que la plupart de vos patriotes ne voyaient là qu'une question de dynastie, et du reste ils auraient été bien embarrassés de dire ce qu'ils voulaient. Quant aux bonapartistes, qui, je le suppose, ne sont plus un parti, je ne pense pas qu'ils fussent comptés parmi les amis de la liberté constitutionnelle.

LE DÉPUTÉ DE GAUCHE. Tenez, nous ferons bien de laisser là ce que nous étions tous il y a une dixaine d'années ; car vous savez que les souvenirs de la Chambre *introuvable* de 1815 ne font pas grand bien à la popularité de plusieurs de vos amis. Nous nous rappelons encore les cathégories, la sourdine mise sur les massacres du midi, et diverses mesures acerbes.

LE DÉPUTÉ DE DROITE, (*souriant.*) Voilà des récriminations ; cela nous conduirait bien loin de notre sujet. Alors nous étions en pleine guerre civile ; nous nous battions pour l'existence même du gouvernement, et dans ces cas là, les législatures fabriquent des armes plutôt que des lois. Mais, qu'on nous rende cette justice : nous avons fait beaucoup pour l'éducation constitutionnelle de la France royaliste. Il a fallu faire entrer dans bien des têtes, vieilles et jeunes, le principe de la liberté de la presse, celui de la responsabilité des ministres, et d'autres non moins essentiels. Or, assurément cela n'était pas facile, car depuis la *Monarchie selon la Charte*, on a souvent été obligé de répéter ces choses, et de défendre, comme un envahissement, ce qui est une propriété (1). Chateaubriand, Fiévée, le Journal des Débats, l'Aristarque, quelquefois même la Quotidienne ont fait merveilles ; ils n'ont pas moins servi par les pamphlets ou par les articles que les meilleurs orateurs des deux Chambres. Qu'en résulte-

______

(1) Les principes constitutionnels que votre opposition est obligée chaque jour de défendre chez vous, nous disent les Anglais, personne chez nous ne songe à les contester ; on tient cela pour reconnu, *we hold that for granted.*

t-il? c'est qu'une foule de bons gentilshommes campagnards, ou de bourgeois frottés à la noblesse, qui, dans toute leur jeunesse, s'étaient montrés ennemis jurés du gouvernement représentatif, et avaient accueilli la charte avec autant de répugnance que l'ex-maire de Toulouse (1), se rendent enfin à des idées plus raisonnables. Ils comprennent qu'un état de choses qui peut les tirer de l'obscurité provinciale, les produire sur la scène politique, et leur fournir carrière à déployer des talens, s'ils en ont, n'est point un état si mauvais pour eux.

LE DÉPUTÉ DE GAUCHE. Au fait, il fallait qu'ils fussent bien aveugles ou bien difficiles pour ne pas voir cela plus tôt. Pourraient-ils avoir une plus grande influence administrative sans le régime représentatif? La noblesse ne garnit-elle pas tous les bancs de la Chambre démocratique? (ce qui fait une bien terrible démocratie!) ne remplit-elle pas l'Almanach Royal? n'est-elle pas à peu près en majorité dans les grands colléges électoraux, avec l'avantage de voter dans les petits? pour qui sont les pensions, les faveurs, les sinécures? Mais, quant à cela, elle ne le doit pas essentiellement au gouvernement représentatif, pas plus que tous les postes qu'elle occupe dans notre mauvaise organisation municipale et départementale.

La voiture s'était remise en route pendant cette conversation, et le député du centre continuait à dormir

____

(1) Tout le monde connaît la protestation contre la Charte, publiée en 1814, par M. Joseph de Villèle, aujourd'hui premier ministre.

en produisant avec ses narines une basse continue assez incommode qui obligeait les interlocuteurs à parler très-haut. Enfin il étend les bras, se frotte les yeux et regarde ses voisins d'un air étonné. S'il eût entendu attaquer le système municipal actuel, il l'eût énergiquement défendu en sa qualité de maire, ci-devant seigneur de sa commune; mais il se borne à demander si l'on est bientôt arrivé au relais où l'on doit prendre un repas.

LE DÉPUTÉ DE GAUCHE. Ce n'est que demain matin que nous nous arrêtons pour cela, s'il m'en souvient bien.

LE DÉPUTÉ DU CENTRE. C'est un inconvénient de ces malles-postes : à peine vous permet-on de manger, et c'est tout au plus si vous avez le temps de vous asseoir à table pour toucher à un mauvais dîner. J'aurais dû me lester davantage avant le départ; c'est sans doute le vide de mon estomac qui me faisait faire tout-à-l'heure de si mauvais rêves.

LE DÉPUTÉ DE DROITE. Ah! vous rêviez, et quoi donc, s'il vous plaît?

LE DÉPUTÉ DU CENTRE. Je me croyais à l'une de ces séances où l'on discutait la proposition de La Boëssière, et où plusieurs de vos amis, messieurs, se permettaient de dire des choses fort désagréables à la Chambre. Pour ces duretés-là, passe en comité secret, mais en séance publique! Nous voulons absolument de la considération, et voilà que c'est nous-mêmes qui nous déconsidérons.

Le député de droite, (*avec un air de candeur*). Oh! mon Dieu oui; voyez pourtant.

Le député du centre. Et à vous entendre (laissez-moi achever ma phrase), il fallait laisser le cours libre à ce débordement d'épigrammes, de quolibets dirigés contre nous en corps ou en particulier; car le public ose se moquer de nous en particulier, et il s'empare de nos noms, comme si nous étions des auteurs ou des comédiens.

Le député de droite. Ce public se mêle de tout, comme si ça le regardait. L'insolent! Nous des auteurs!

Le député du centre. Mais, Dieu merci, nous avons enfin notre commission de surveillance qui nous défendra même sous le rapport du talent oratoire : Vaublanc en est. En dépit des malveillans et des révolutionnaires, nous aurons de la considération; patience!

Le député de gauche. Oui: c'est bien dit: patience. Il en faudra, malgré la commission; car je crois tout bonnement qu'elle ne servira pas plus qu'une emplâtre sur une jambe de bois, comme on dit vulgairement.

Le député du centre. Eh! bien, messieurs, nous avons en réserve la censure, et avec cela, nous défendrons la considération du ministère; car il en a besoin aussi; et depuis quelques années il est bien indignement vilipendé.

Le député de droite. Hélas! oui, ce pauvre ministère, on le couvre de.....

Le député du centre. On l'abreuve d'outrages : jamais cela ne s'était vu. Ah! messieurs, vous n'avez pas voulu de notre bonne loi sur la presse; eh! bien, vous verrez. Après la censure, il faudra bien quelque autre chose; car il faut partir d'un principe : les choses ne peuvent pas aller comme cela.

LE DÉPUTÉ DE GAUCHE. Monsieur, je suis de votre avis : cela ne peut pas durer ainsi. Une pairie en désaccord avec la seconde Chambre; celle-ci attaquée depuis long-temps, même à la tribune, jusque dans la source électorale de ses pouvoirs; le scandale des élections de 1823, hautement proclamé et rejeté par un premier ministre sur les subalternes; prouvé même par une foule de faits publiés et non contestés, beaucoup d'autres motifs encore, rendent indispensable une mesure qui ne vous plairait peut-être pas : la dissolution de la Chambre.

LE DÉPUTÉ DU CENTRE, (*avec exclamation*). La dissolution d'une Chambre aussi monarchique, aussi dévouée que la nôtre ! c'est un vrai blasphème. Mais nous savons bien que tels sont les vœux de certaines gens. Ce qui les fait enrager, c'est que nous avons encore trois sessions, et puis après nous pourrons bien....

LE DÉPUTÉ DE GAUCHE (*l'interrompant tranquillement*). J'en suis fâché, monsieur, mais nous n'en avons plus qu'une. Au surplus, la dissolution serait tout-à-fait dans l'intérêt de la considération à laquelle vous avez tant raison de tenir. Est-il pour vous un moyen plus péremptoire de repousser les imputations outrageantes, que d'être réélus par vos commettans? Ce seront eux qui se chargeront de vous défendre, et c'est dans l'ordre. Il faut laisser aux autres le soin de son apologie, quand il est au moins inutile de s'en charger soi-même.

LE DÉPUTÉ DE DROITE. Monsieur a parfaitement raison ; depuis long-temps je pense de même sur ce point. Oui, il n'y a pas moyen d'échapper à un fait. Nos pouvoirs expirent à la fin de la session prochaine, ainsi que M. de Turckeim et, je crois, M. Benjamin Constant l'ont déclaré à la tribune. Nous avons été élus pour cinq ans en vertu de l'article 37 de la Charte. Nous avons fait, d'accord avec les deux autres pouvoirs, une loi qui établit la septennalité ; mais nous n'avons pas entendu, et d'ailleurs nous n'avons pas pu prolonger nos propres pouvoirs au-delà de leur terme légal. On dira que nous avons bien déjà violé la Charte et que nous pouvons la violer encore. Point du tout, car, sans examiner si nous avons bien fait, à force de violer ainsi on finit par tuer. Mais là n'est pas la question. Nous avons démoli l'article 37, avec le concours des deux autres pouvoirs législatifs ; c'est de cette manière qu'on a trouvé dans la Charte le double vote et d'autres choses qui ne s'y trouvent peut-être guère. Mais ici nous étions appuyés sur la théorie de l'omnipotence parlementaire, théorie qui peut être contestée, mais qui, après tout, est conforme à la nature mobile de l'état social, et qui, appliquée dans un certain sens, conviendrait au fond beaucoup mieux aux libéraux qu'à nous-mêmes. Que nous ayons fait des lois qui dérogent à la Charte, et puis que ces lois soient exécutées ; il y a toujours là quelque chose de légal dans la forme ; l'ordre n'est point dérangé, la paix publique n'est point outragée. Mais que nous, l'un des trois pouvoirs, entreprenions de faire, sans le concours des deux autres, une loi à nous seuls et pour nous seuls, nous heurtons l'ordre légal, nous troublons la paix publique, nous faisons un coup d'état.

LE DÉPUTÉ DE GAUCHE. Cela me paraît incontestable. Prolonger nos pouvoirs, serait faire une loi à nous seuls. Or c'est tout au plus si nous pourrions faire une loi de ce genre même avec le concours de la couronne et de la pairie; car une loi ne peut avoir d'effet rétroactif, et ce serait donner une véritable rétroactivité à notre élection. Nous ne pouvons pas, parce que cela n'est dans aucun pouvoir humain, faire aujourd'hui que les électeurs qui nous ont élus pour cinq ans aient eu l'intention formelle de nous élire pour sept. La nature essentiellement quinquennale de notre élection est un fait accompli, sur lequel il est impossible de revenir. Le seul moyen que nous ayons de connaître la portée de notre mandat, c'est d'interroger de nouveau nos commettans. S'ils ne nous réélisent pas, ce sera la preuve qu'ils ne regrettent certainement pas de ne nous avoir point élus pour sept ans; j'oserais même dire que cela prouvera qu'ils seraient fort aises de ne nous avoir point élus du tout.

LE DÉPUTÉ DU CENTRE, (*avec humeur.*) Allons, courage, messieurs; en vérité vous faites bon marché des droits de la Chambre.

LE DÉPUTÉ DE DROITE. Nous disons les choses telles qu'elles sont: voilà tout.

LE DÉPUTÉ DE GAUCHE. Il est impossible que nous puissions nous tirer de là sans une dissolution qui existera de droit, à pareille époque l'an prochain, et qui peut-être sera prononcée par la couronne dès cet automne. Après tout, puisque nous ne marchons pas d'accord avec la pairie et qu'il y a ainsi dissension dans le gouvernement (1), il vaut encore mieux dissoudre la Chambre élective que de dénaturer la Chambre héréditaire. Qu'on laisse les élections libres et l'on peut être sûr que l'opinion publique saura bien les mettre d'accord.

LE DÉPUTÉ DE DROITE. Si, après la session prochaine, le ministère osait, contre toute apparence, ne pas faire prononcer cette dissolution, notre marche est tracée par la Charte, par l'honneur, par le devoir; nous donnons tout simplement notre démission. Je suis certain que ceux de nous qui sont déterminés ou qui se détermineront à prendre ce parti, si le cas échoit, formeront bien le tiers de la Chambre. Voyez quel désordre si toutes ces démissions se présentaient à la fois; il faudrait convoquer une centaine de colléges électoraux. Les nouveaux élus pourraient entrer à la Chambre sans prendre part aux délibérations de la portion posthume de notre législature; ils auraient le droit de vérifier eux-mêmes leurs pouvoirs, et de regarder

(1) Indépendamment de la dissidence qui s'est manifestée avec tant d'éclat au sujet de quelques projets de loi, on doit se rappeler le renvoi solennel de la dénonciation de M. de Montlosier contre les jésuites, renvoi adressé par la Chambre des pairs au ministère qui s'appuie sur la majorité de la Chambre des députés. Le mépris avec lequel cette démarche est accueillie n'empêche pas qu'elle ne subsiste. La haute magistrature a donné son avis ; le ministère doit exécuter les lois; la paix du royaume l'exige, sinon il conspire contre elle.

comme nul tout ce que feraient les députés périmés. Il y aurait ainsi à la fois deux Chambres de députés également illégales; car une seule serait convoquée, mais elle n'aurait plus de pouvoirs constitutionnels, et une seule aurait des pouvoirs, mais elle ne serait pas en nombre pour délibérer. Alors qui ferait le budget? car il faut qu'il soit fait légalement; et que diraient les contribuables à qui l'on demanderait des impôts ainsi votés? Tout cela est un tissu inextricable d'impossibilités, dans lequel certes on ne s'engagera pas.

LE DÉPUTÉ DU CENTRE, (*un peu décontenancé et remaniant sans cesse une prise de tabac*). Ce que vous dites là, messieurs, est... bien étrange, bien extraordinaire.... bien épouvantable.... car nous comptions pourtant bien.... (*Ici il reprend un ton plus ferme.*) Je dirais même que c'est une doctrine perversive, séditieuse... révolutionnaire, (*en s'adoucissant*) si vous me laissiez achever ma phrase. Oh! le maudit cahot!

LE DÉPUTÉ DE GAUCHE. Pardon, monsieur, je crois que c'est mon coude qui vient de renverser votre tabatière; nous venons de recevoir une terrible secousse. Mais je vous offre de puiser dans la mienne si vous aimez le Virginie.

LE DÉPUTÉ DU CENTRE. Bien obligé, j'use ordinairement du tabac d'Espagne; le Virginie est trop fort pour moi.

LE DÉPUTÉ DE DROITE. J'ai de bon tabac que m'envoie de Londres un membre du parlement; il est fort mêlé et je crains qu'il ne soit pas de votre goût.

LE DÉPUTÉ DU CENTRE. Ahi ! encore un cahot. Le diable soit de Becquey et de je ne sais quel autre de nos amis qui nous vantaient le bel état des routes. Elles sont abominables ; c'est à se rompre le cou.

LE DÉPUTÉ DE DROITE. Il paraît que ces optimistes voyagent peu, ou qu'ils se font aisément illusion. Les routes sont maintenant dans un état pitoyable ; tout le monde s'en plaint et il y a beaucoup d'accidens. Diable ! mais nous penchons un peu trop à ce qu'il me semble.

Effectivement la route devenait dans cet endroit de plus en plus impraticable. Le postillon avait beau ralentir le pas et louvoyer avec beaucoup d'adresse entre les trous, les ornières profondes et les fondrières ; là voiture était si violemment secouée que les voyageurs tombaient à chaque instant l'un sur l'autre en se fracassant les épaules et quelquefois la tête. A la fin l'équilibre vient à manquer et la voiture verse brusquement sur la berne droite du chemin. C'était l'affaire d'un moment, et l'on entendait à peine ces mots, prenons garde, nous versons ; que déjà les voyageurs de l'intérieur et du coupé de devant se trouvaient entassés sur le flanc, pêle-mêle et fort peu à l'aise. Je suis écloppé, dit l'un, je suis disloqué, dit l'autre ; ahi, la tête ! que la chienne de voiture est mal rembourrée ! dit un troisième ; ah ! de grace, dégagez vos jambes, votre genou me perce le ventre ; dit celui-ci ; pour Dieu, monsieur, soutenez-vous, car vous êtes diablement lourd, dit celui-là.

Mais déjà le courrier, ou conducteur est hors de la

voiture ainsi que les voyageurs du cabriolet, et il monte sur le côté supérieur de la caisse pour ouvrir la portière, et pour aider nos trois personnages à sortir de leur situation incommode. Les deux députés non ministériels, plus ingambes que leur collègue, se hissent, non sans peine, hors de leur prison accidentelle, et sautent à terre de leur mieux. Quant au député du centre droit, malgré tous les secours qu'on lui prête, il est impossible de le tirer de là. Sa pesanteur et sa circonférence corporelles sont deux obstacles contre lesquels on n'entreprend point de lutter, attendu qu'on n'espère pas qu'il pût aider beaucoup à remettre la voiture debout; on prend donc le parti de le laisser dans la caisse, grondant, pestant fort, maudissant à la fois M. Becquey, les malles-postes, les voyages, le gouvernement représentatif, la civilisation, et se promettant bien à la prochaine discussion du budget de crier de sa place contre l'administration des ponts-et-chaussées.

En somme, personne n'avait à se plaindre d'aucune blessure sérieuse, et, comme il arrive toujours, surtout en France, en pareil cas, chacun se félicitant d'en être quitte pour quelques bosses et quelques meurtrissures, se mettait à rire de cet accident qui ne laissait pas d'avoir son côté plaisant. Une longue corde, dont toutes les voitures publiques sont munies pour semblable occasion, venait d'être attachée de manière à pouvoir relever la voiture. Aussitôt chacun s'y met à la file; le postillon qui était sorti de ses grosses bottes, tout confus de l'atteinte portée à son honneur, s'était placé du côté de la caisse qu'il faisait les plus grands efforts pour soulever, en jurant, avec toute l'énergie et toute la variété de formules que peut déployer un postillon, contre le personnage qui ne contribuait pas à la rendre plus légère. Enfin, grace à tant de forces réunies, et surtout au vigoureux coup de main du député de gauche, homme de constitution très-robuste et que le postillon qualifiait tout bas de *citoyen fameusement solide*, la voiture est si lestement replacée sur ses quatre roues que peu s'en faut qu'elle ne tombe de l'autre côté.

Inspection faite de l'état de la machine, le courrier de la malle reconnaît que l'essieu est à moitié rompu et décide qu'il faut aller au pas jusqu'au relais prochain, pour en prendre un neuf. Le gros voyageur, après s'être fait répéter qu'il n'y avait pas de risque d'une seconde culbute, ne descend point de la voiture, parce que, dit-il, il marche avec beaucoup de peine; il ne tarde probablement pas à se rendormir tout en murmurant. Les autres préfèrent aller à pied pour se détendre les muscles et pour prendre l'air.

La nuit était fraîche et calme, la lune commençait à se dégager d'une épaisse enveloppe de nuages et à détacher les principales masses d'un paysage, qu'un romancier descriptif ne perdrait pas l'occasion de nous peindre en détail. Les députés des deux oppositions, allant de compagnie, prennent les devans sans attendre que la voiture se remette lentement en route, et continuent ainsi leur causerie.

Le député de droite. Eh bien! qu'en dites-vous ? Voilà pour notre petite chambre ambulante la dissolution dont nous parlions pour la grande.

Le député de gauche. Oui, mais elle est un peu violente ; j'espère bien que l'autre se fera plus doucement.

Le député de droite. C'est vrai : elle ressemble à celle dont nous menaçait assez plaisamment Alexis de Noailles, lorsqu'il parlait du comble de notre salle des séances, qui, dit-on, menace ruine.

Le député de gauche. Celle-là serait même tout-à-fait tragique ; mais au fond je ne la crois pas à craindre.

Le député de droite. Quant à l'autre, elle est inévitable, comme nous le disions. Il s'agit maintenant de savoir comment se ferait le renouvellement. Les électeurs sont-ils dans les mêmes dispositions, seront-ils aussi dociles qu'en 1823 ? et le ministère osera-t-il de nouveau se permettre les manœuvres déhontées, les escamotages de cartes, les suppositions de personnes, les injonctions, les menaces, les exclusions qui ont excité le haro de la France entière ? J'ai peine à le croire.

Le député de gauche. Toute la question est là ; la rédaction des listes de jurés est la grande affaire. Nous devons à nos principes, à la cause que nous défendons, de veiller chacun dans notre arrondissement à l'exactitude et à l'intégrité de ces listes. Trop souvent jusqu'ici nous avons marché séparément ou même en hostilité manifeste. Il faut nous unir loyalement, nous autres hommes des deux oppositions, qui entendons la Charte, un peu différemment, il est vrai, mais enfin qui la voulons consolidée et surtout exécutée. Il faut nous unir contre ceux qui ne la veulent pas, et ceux qui ont la faiblesse de soutenir un ministère qui la tue. Il faut nous unir dans le but le plus constitutionnel et le plus moral, savoir : pour que la liberté des élections soit respectée, pour qu'elles expriment réellement le vœu des électeurs et le besoin du pays.

LE DÉPUTÉ DE DROITE, (*avec chaleur*). A la bonne heure ! Voilà ce qui s'appelle parler raison. Tenez, voyez-vous, mon cher collègue (*en lui passant le bras*), si nous pouvons nous entendre, nous réussirons infailliblement à renverser ce ministère et sa coterie, sotte, ignorante et servile. Voyez déjà comme les choses se passent dans les élections partielles. Vous avez probablement la majorité dans les petits colléges, si le ministère ne les dénature pas ; nous pouvons, je crois, compter bien plus que vous sur les grands. Eh bien ! nous vous avons aidés à nommer Dupin à Mamers ; peut-être vous nous ferez enlever l'élection de Delalot à Angoulême. Avec cette assurance électorale constitutionnelle, l'expression du vœu des électeurs n'est point faussée ; elle est seulement modifiée par la nécessité de l'option : en dernier résultat elle n'est favorable qu'aux amis du gouvernement représentatif, premier besoin de la France.

LE DÉPUTÉ DE GAUCHE. Sans aucun doute. Attachons-nous surtout à dévoiler toutes les fraudes électorales, à rassurer une foule de peureux imbéciles contre la crainte du sous-préfet, du juge-de-paix, etc., et les fonctionnaires eux-mêmes contre la crainte des destitutions ; car un pareil système ministériel ne peut durer plus long-temps ; il est déjà vermoulu et va tomber en lambeaux. Mais nous ne devons pas nous dissimuler que nos adversaires sont fortement soutenus par le parti dévot et la portion jésuitique du clergé.

LE DÉPUTÉ DE DROITE. Nous le savons bien. D'un côté, le parti dévot ne veut point de la Charte et compte sur le retour de l'ancien régime ; les exagérés de ce parti rêvent je ne sais quel gouvernement théocratique ou sacerdotal qui est absurde et impossible ; les habiles du parti jésuitique se bornent à songer à regagner peu-à-peu l'ancienne puissance temporelle du clergé et ses immenses richesses. Tous ces gens-là comptent que le ministère actuel proposera un beau jour aux Chambres une forte indemnité pour la vente des biens du clergé. Au fond c'est un leurre avec lequel on les promène, de même qu'on tient beaucoup d'émigrés de notre Chambre avec les retards de la liquidation ; mais cette nouvelle indemnité ne sera jamais proposée. En effet la majorité des biens appartenait aux ordres abolis : or, qui aurait droit à cette indemnité ? Quelques vieillards isolés, quelques religieuses, déjà pensionnaires de l'état, à moins qu'une loi ne rétablisse les ordres monastiques. Quant au clergé régulier, de quoi se plaindrait-il ? Les curés d'aujourd'hui sont encore

mieux traités que ne l'étaient autrefois les curés à portion congrue; néanmoins je pense, et vous êtes sans
doute de cet avis, que les utiles curés de campagne ne
sont pas encore assez rétribués. Mais toujours est-il
que les communes rachètent les anciens presbytères ou
en construisent de nouveaux. Le haut clergé regrette
sans doute les anciens chapitres si richement dotés, les
biens immenses des églises épiscopales, des grandes
cures, etc. Mais, ma foi, ces messieurs sont vraiment
insatiables; nous avons eu beau faire, ils ne sont jamais
contens. Cela commence à nous lasser, et nous en
reviendrions volontiers avec vous à la croix de
bois.

LE DÉPUTÉ DE GAUCHE. Oh! ne vous inquiétez pas
du clergé. Il s'occupe assez activement de ses intérêts
terrestres. Croyez-vous qu'il s'endort sur l'espoir d'une
indemnité tout-à-fait inapplicable et qui serait le coup
de grace pour nos finances? Point du tout... Laissez
faire quelques-uns de ses membres avec la confession,
les testamens, et certaines fraudes pieuses; il ne tar-
dera pas beaucoup à devenir aussi riche qu'autrefois;
et, pour peu qu'il conservât dans les départemens
l'influence avec laquelle il semble disposer de tous les
emplois, de toutes les fonctions publiques, nous finirons
par passer tous sous le joug des prêtres; alors ce gouvernement théocratique, qui nous semble si absurde en
théorie, existerait de fait et il faudrait bien le subir. Mais
en y songeant sérieusement, ces craintes semblent si
puériles, qu'on ne peut s'y arrêter. Un souffle électoral

doit suffire pour dissiper tout cela (1) : toutefois faut-il se donner la peine de souffler.

LE DÉPUTÉ DE DROITE. Eh ! bien, nous soufflerons d'importance, je vous en réponds. Le régime sacerdotal, la puissance du jésuitisme et de la congrégation ne nous conviennent pas plus qu'à vous. Peut-être avons-nous un peu tardé à nous déclarer contre ce système de momeries et de tartuferies qui est si funeste à la religion, et doit tant réjouir ses ennemis ; mais, enfin la mesure était comble ; nous nous sommes prononcés, et nous tiendrons bon. Il faudrait être aveugle pour ne pas voir que cet envahissement monacal, qui atteint toutes choses en France, est ce qui excite le plus de mécontentement dans toutes les classes de la société, ce qui nuit le plus à l'industrie, ce qui oppose le plus d'entraves au commerce, ce qui finirait par frapper toutes ses branches de stérilité. J'ai un peu parcouru le royaume depuis trois ans ; eh ! bien, j'entends crier partout, dans les salons, dans les boutiques, dans les auberges, dans les voitures, contre le despotisme des congréganistes et contre la police Franchet. En même temps je trouve partout la même unanimité dans l'attachement au régime légal, sauve-garde de tous les droits, de toutes les propriétés, de toutes les industries. Et puis enfin, il faut bien s'apercevoir qu'il y a une nouvelle génération qui pousse tous les jours et prend nos places, qui sera bientôt en possession de la France, et

____

(1) Le bruit d'une nouvelle modification au système électoral, qui serait proposée à la session prochaine, est si absurde qu'on ne peut y croire.

le sera avec les nouvelles idées. De bon compte, il vaut
mieux lui préparer les voies pour qu'elle y arrive doucement, que de creuser un fossé et d'élever un talus
pour qu'elle s'y précipite. Ces idées nous inondent de
toutes parts ; elles entrent dans nos maisons, dans nos
familles ; malgré nous-mêmes, nos enfans sont libéraux.
Ma foi, il faut être bien sottement entêté pour résister
à tout cela. Il y en a qui s'obstinent, et qui s'obsti-
neront jusqu'à la mort ; grand bien leur fasse. Mais
nous, qui nous rendons à l'évidence, nous les laisse-
rons reculer tout seuls, au milieu de la foule qui
avance ; nous ne trouvons ni commode, ni amusant
de marcher de cette façon-là.

LE DÉPUTÉ DE GAUCHE. Bravo, nous voilà parfaitement d'accord. Que voulons-nous ? Plus de provisoire
administratif ; plus de cette centralisation consulaire et
impériale qui mystifie cruellement les intérêts locaux ;
plus de cette hiérarchie départementale et municipale
dont chaque membre est une émanation de M. le pré-
fet, fait ce qu'il veut, répète ce qu'il dit, et sert ainsi
d'écho à ce monologue ministériel qu'on nous fait la
mauvaise plaisanterie de donner comme l'expression
de l'opinion ; plus de ces scandaleuses prodigalités qui
perpétuent en temps de paix les impôts du temps de
guerre, et font du budget une véritable curée ; plus de
cette inviolabilité des ministres et de tous les fonctionnaires, qui place jusqu'au garde-champêtre hors de la
loi commune ; plus de ce système prohibitif et obscu-
rant, qui arrête tout essor, s'oppose à tous progrès,

s'effarouche de toute instruction, et clignote devant
toute lumière ; plus de censure, qui interdise la publicité des abus, étouffe la plainte et empêche la réparation
de tous les désordres, contre lesquels la liberté de la
presse est la plus sûre garantie. Enfin plus de jésuites :
voilà ce que nous voulons. Publiez des professions de
foi de ce genre, et vous êtes sûrs de la popularité,
ainsi que des suffrages électoraux. Avec une majorité
de députés qui penserait ainsi, secondée par la Chambre des pairs et par la magistrature, il serait difficile à
un ministère, quel qu'il fût, de ne pas marcher dans le
sens constitutionnel.

LE DÉPUTÉ DE DROITE. Et je crois que tout n'en irait
pas plus mal.

Les deux nouveaux amis, causant ainsi tout en mar-
chant bras dessus bras dessous, atteignent le bourg
de poste, long-temps avant la voiture. Le reste de
leur voyage n'offre rien qui mérite d'être rapporté, si
ce n'est qu'après s'être séparés et être arrivés dans
leurs départemens, ils y sont accueillis par des séréna-
des et de vives acclamations, par les témoignages tou-
chans et honorables de la reconnaissance, du respect
et de l'amour de leurs concitoyens. Quant à leur collègue ministériel, on n'a pas de nouvelles de l'accueil
qu'il a reçu dans son pays ; seulement on sait que le
bedeau et le sacristain de sa paroisse sont allés le com-
plimenter parce qu'ils aiment beaucoup se régaler à sa
cuisine.

P. S. Pendant l'impression de cet écrit, la lettre que MM. les électeurs du grand collège de la Charente-Inférieure viennent d'adresser à M. Delalot, parvient au *Constitutionnel*, et, par miracle, l'insertion lui en est permise (1). Mais les réflexions qu'elle suggère n'auraient certainement pas la même faveur; il faut donc les faire ici.-

Cette lettre est remarquable comme un véritable manifeste de l'alliance des *deux oppositions* contre le ministère; elle est la sanction la plus formelle de l'intention dans laquelle est conçue la présente brochure. Écrite au nom des électeurs des *deux oppositions* par les membres qu'ils avaient portés au bureau définitif, elle est revêtue du plus respec-

(1) Non pas toutefois sans une petite mutilation. Dans l'avant-dernier paragraphe la censure a supprimé le mot *indépendans*. Ces messieurs ne veulent pas reconnaître l'indépendance des électeurs; ils n'admettent que celle des censeurs.

Voici cette pièce qui ne peut trop être répétée et répandue :

Angoulême, 11 juillet 1827.

« Le collége électoral du département de la Charente vient de vous nommer son député; votre nom est sorti de l'urne électorale au deuxième tour de scrutin et à la majorité de 113 voix sur 181.

« Les électeurs appartenant aux deux oppositions se sont accordés, Monsieur, à vous choisir pour candidat dès le premier tour de scrutin.

« Tous, en vous donnant leur voix, ont cru nommer à la chambre l'ami sincère du trône et de la dynastie, avec la charte et ses conséquences nécessaires; l'ennemi redoutable de toute espèce de despotisme, l'orateur puissant dont la voix éloquente, en assurant la dignité de la couronne, réclamera le maintien de nos institutions constitutionnelles et le rétablissement de la liberté de la presse, base essentielle de notre gouvernement représentatif.

« Les électeurs indépendans ont la confiance que leur attente ne sera pas trompée, et votre nom, Monsieur, qui, dans ce pays, a opéré la réunion des deux partis jusqu'ici opposés, deviendra peut-être le gage d'une réunion générale.

« Au nom des électeurs des deux oppositions, les membres portés par eux au bureau définitif. »

table caractère qu'on puisse exiger de l'expression d'un vœu politique, et ce vœu est celui d'une classe importante de citoyens. Elle offre en même temps cet utile exemple d'une franche déclaration, faite par les commettans à leur mandataire, des motifs qui ont déterminé leur choix et du but qu'ils se sont proposé. Sans lui tracer de mandat spécial, ce qui serait contraire aux principes de notre représentation nationale, ils lui montrent au moins à découvert la source de son élection, afin qu'au besoin il se la rappelle, et qu'il y trouve sinon un ordre, du moins un avertissement grave adressé à son honneur et à sa conscience.

Si cette alliance des deux oppositions s'effectue dans tous les départemens avec bonne foi, prudence et habileté, nul doute qu'elle ne nous délivre de l'ignoble système ministériel qui pèse depuis si long-temps sur la France. Mais il faut y aller franchement de part et d'autre, et ne point se laisser entraîner aux récriminations ni aux disputes de préséance. Il faut surtout s'imposer cette loi : *que celle des deux oppositions qui se trouve la moins nombreuse dans un collège porte ses voix sur le candidat de l'autre opposition.* Le débat, ainsi réduit à une question arithmétique, sera plus aisément vidé ; celui des deux candidats d'opposition qui aura le plus de voix dans la réunion préparatoire, ou au premier tour de scrutin, recevra de droit le renfort des voix de l'autre candidat.

L'alliance des deux oppositions est le moyen le plus prochain de sortir d'une situation pitoyable. En y songeant bien, on peut y voir de plus un germe fécond pour l'avenir du gouvernement représentatif en France. Rappelons-nous l'histoire de ce gouvernement chez nos voisins, et nous verrons comme les partis changent aisément de direction, quand leur situation n'est plus la même.

Les partis se convertissent comme les individus, quittes à revenir quelquefois à leurs anciennes idées. Les Whigs sont devenus Tories et les Tories sont devenus Whigs, suivant l'occasion. C'est aux Whigs qu'on doit le bill des droits sans doute; mais qui eût pensé que ce seraient les Tories, d'abord ses adversaires, qui plus tard en réclameraient l'application avec le plus de chaleur? Les maniaques qui veulent de l'immobilité dans les choses humaines, sont bien ignorans! Ils ne voient donc pas comme va le monde. Les Tories s'étaient opposés à la révolution de 1688; eh bien! chose singulière et qu'on n'a pas assez remarquée, ce sont eux qui ont le plus concouru à l'établissement du gouvernement représentatif en Angleterre; ce sont eux qui ont le plus invoqué les libertés religieuse, individuelle, et de la presse, à la vérité quand ils étaient dans l'opposition; et c'est avec les Whigs, les successeurs des courageux parlementaires, que Walpole a établi la septennalité et la vénalité systématique. Maintenant la question des partis est bien simplifiée en Angleterre; il n'y en a plus que deux : ceux qui veulent l'intérêt général, et ceux qui veulent leur intérêt particulier. Au fond cette division est de tout temps et de partout.

Ne désespérons donc point, et ne craignons pas d'ouvrir nos rangs à de nouveaux défenseurs du régime légal. Nous pouvons, sans jalousie, les voir prendre une part de la gloire réservée à ceux qui l'auront fondé dans notre belle patrie. Les amis de la liberté ne sont point envieux de la popularité que d'anciens adversaires sauront obtenir en la méritant. Ils ont assez fait pour la grande cause du pays, pour ne pas craindre d'être jamais deshérités de son souvenir. Les peuples n'oublient point les services passés; mais la France a un fonds de reconnaissance et d'amour qui suffit pour récompenser le dévouement de tous ses enfans.